MARION SERRE, GABRIELE SALVIA

● Briançon

LE PATRIMOINE VACANT DANS LES PETITES VILLES

Briançon (Hautes-Alpes) au défi de la monoculture touristique

POPSU

autrement

● Briançon

Région
Sud (Provence-Alpes-Côte d'Azur)

Département
Hautes-Alpes

Intercommunalité
Communauté de communes du Briançonnais

Code postal
05100

Effectif de la population
11 648

Part de la population de la commune
dans la population totale de l'intercommunalité
56,1 %

Programme national
Action cœur de ville

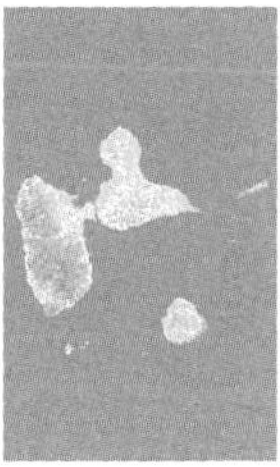

Guadeloupe

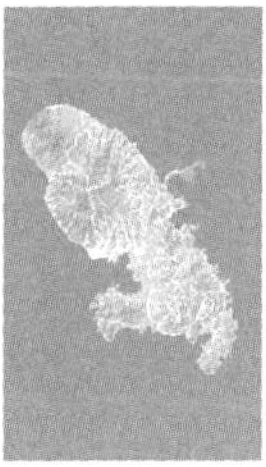

Martinique

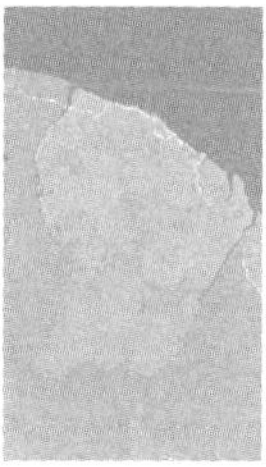

Guyane

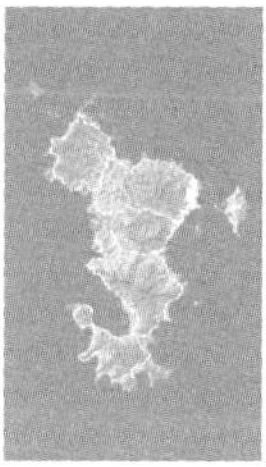

Mayotte

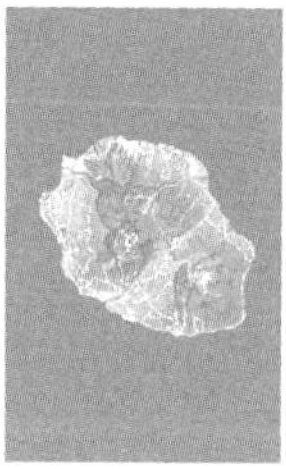

La Réunion

INTRODUCTION

CŒUR(S) DE VILLE : LA DÉPRISE D'UN CENTRE ?

Briançon, commune d'environ 12 000 habitants, compte parmi les 222 villes lauréates du plan national Action cœur de ville (2018). Elle est donc définie comme une « ville moyenne[1] » faisant partie des territoires ruraux et périurbains, dont Frédéric Bonnet[2] s'est attaché à décrire les composantes et les enjeux. Son profil est celui d'une municipalité au tissu urbain lâche et étendu, marquée par une fracture topographique entre la « ville haute » construite sur l'éperon rocheux où se trouve le centre historique (la cité Vauban), et la « ville basse » s'étalant progressivement dans la vallée.

Cette spécificité géographique renforce le phénomène bien connu d'étalement urbain. Durant les trente dernières années, les projets d'urbanisation ont effectivement été concentrés sur la création de nouvelles aires tertiaires, commerciales et résidentielles dans la vallée, alors que le centre historique est resté marqué par la vacance et peu investi par l'action publique[3]. Ce décalage entre la ville haute et la ville basse a été renforcé par les projets d'urbanisme conduits par la dernière équipe municipale (2014-2020). En effet, bien que la ville de Briançon ait été lauréate du plan Action cœur de ville, la revitalisation du centre historique n'était pas à l'agenda politique, centré sur le développement de la ville basse avec un projet de reconversion des casernes militaires[4]. À l'origine, les élus étaient davantage intéressés par une étude sur l'avenir des copropriétés situées à proximité de ce nouveau projet, afin qu'elles ne soient pas dévalorisées par l'arrivée d'une nouvelle offre immobilière. La cité Vauban était donc éclipsée par ce grand chantier de reconversion, d'ailleurs nommé « Cœur de ville » par les élus avant que le programme Action cœur de ville n'existe. Cette double dénomination illustre le caractère bicéphale de Briançon et l'absence de projet politique pour le centre historique. Ce contexte nous a paru propice à la mise en place d'une recherche-action visant à l'élaboration d'un état des lieux et d'une vision d'avenir de la cité Vauban avec les élus, les associations et les habitants.

Le cas de la cité Vauban est doublement intéressant. D'une part, ce contexte politique permet de questionner les nouvelles formes d'ingénierie territoriale que peut produire la recherche, en remettant sous les feux des projecteurs des territoires délaissés par l'action publique. D'autre part, il est emblématique de nombreux centres historiques de petites et moyennes villes françaises fragilisés, qui, en l'absence d'un projet de revitalisation, pourraient progressivement se transformer en musées à ciel ouvert. L'analyse de l'évolution de la structure de la population dans la cité Vauban rend effectivement compte d'un phénomène fréquent : les résidences secondaires prennent le pas sur les résidences à l'année[5]. Toutefois, les bases de données révèlent que le nombre d'habitants est en légère hausse depuis 2015 et que le taux de vacance a tendance à baisser, ce qui en fait une spécificité par rapport à d'autres cas davantage marqués par le déclin.

Si plusieurs travaux de recherche ont analysé les changements de population dans les centres historiques[6] et le phénomène de déprise[7], voire de délaissement[8], la capacité de transformation architecturale et urbaine des centres historiques reste encore peu mise à l'épreuve par le milieu scientifique[9]. C'est donc cette dimension plus prospective qui a été développée à Briançon. Pour cela, nous avons centré la recherche sur le foncier vacant du centre historique. Quels sont les processus d'abandon du tissu bâti ? De quels processus de réappropriation les bâtiments vacants ont-ils ou font-ils l'objet ? Sont-ils ou peuvent-ils devenir des espaces d'expérimentation de modèles architecturaux et programmatiques alternatifs ?

Pour apporter des éléments de réponse à ces questions, nous avons mis à l'épreuve du terrain le modèle théorique et opératoire du tiers foncier[10]. Ce modèle interroge les décalages existant entre la forme, le statut de propriété et l'usage du foncier, à l'origine des situations de vacance[11]. Par le recours à la figure du tiers, il s'agit de souligner l'existence d'un état transitoire du foncier, échappant aux cadres de la ville normée. Centrer la notion autour du foncier permet d'orienter davantage les réflexions sur la dimension statutaire et juridique des terrains, constituant souvent la face cachée des processus d'urbanisation[12]. Ce prisme d'analyse est d'autant plus pertinent dans le cas des centres historiques que les situations juridiques complexes — telles que les biens en indivision — sont prégnantes et peuvent expliquer certains cas de vacance.

La restitution de cette enquête croise plusieurs échelles d'investigation. En premier lieu, nous nous attacherons à décrire les spécificités des modes d'occupation de la cité Vauban (résidences principales, résidences secondaires, logements vacants). En plus de brosser le portrait de ce centre historique, nous verrons de quelle manière la coproduction de cet état des lieux avec les élus et les habitants a permis d'éclairer les problématiques du centre: en particulier la nécessité à trouver un équilibre entre le développement touristique et le maintien de la population résidente à l'année. Dans un deuxième temps, une analyse plus poussée du tiers foncier mettra en évidence les différents facteurs relatifs à la morphologie de l'espace, à son statut juridique, ainsi qu'à son usage pouvant conduire à la vacance. Cet inventaire des situations de tiers foncier observées nous permettra ensuite de discuter leur potentiel de transformation. Cette dernière partie rendra compte de l'émergence récente de projets alternatifs ayant permis la sortie de vacance de certains bâtiments et montrera concrètement comment la recherche a conduit à la reconversion d'un espace vacant en tiers lieu.

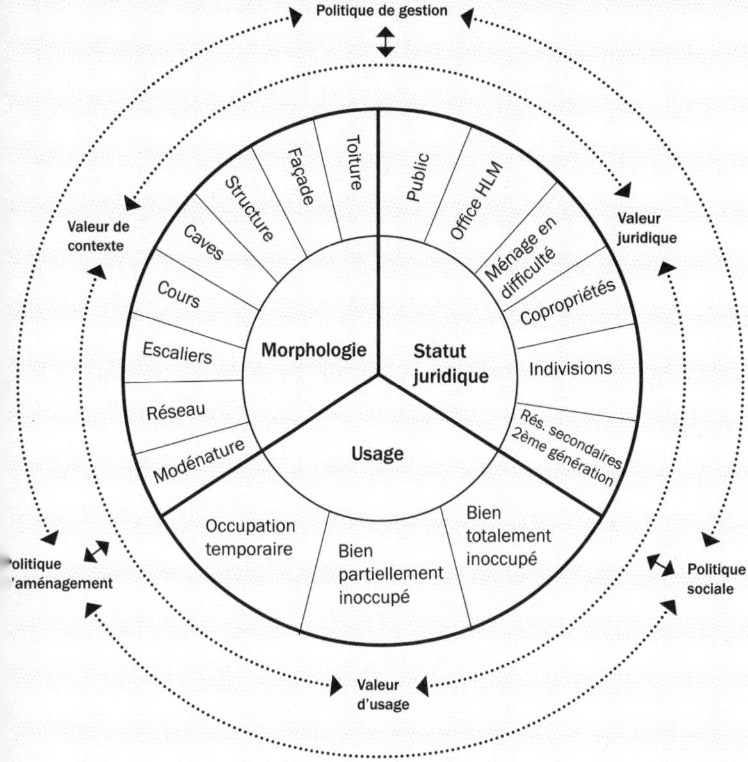

FIGURE 1
Modèle du tiers foncier

NOTES DE FIN DE CHAPITRE

1 Dans le cadre d'Action cœur de ville, la « ville moyenne » est entendue au sens large, puisque qu'elle concerne des villes de 10 000 à plus de 100 000 habitants.

2 Frédéric Bonnet, « Aménager les territoires périurbains et ruraux », rapport remis au ministère du Logement, de l'Égalité des territoires et de la Ruralité, 2016.

3 Les phénomènes d'extension des périphéries et de déprise des centres ont été explorés par différents chercheurs, qui ont notamment interrogé les corrélations possibles entre la vacance commerciale et résidentielle, le déplacement des populations et des services à différentes échelles, du centre à la périphérie et de la ville moyenne à la métropole (Dodier, 2013 ; Demazière, 2014 ; Brenner, 2014 ; Damon, 2017 ; Dormois *et al.*, 2017 ; Madry, 2018 ; Charmes, 2019 ; Delpirou, 2019).

4 La ville de Briançon a été façonnée par l'activité militaire jusqu'en 2009 (départ de l'armée).

5 En 2015, l'Insee comptait 60 % de résidences secondaires.

6 Matthieu Giroud, « Résister en habitant ? Renouvellement urbain et continuités populaires en centre ancien (Berriat Saint-Bruno à Grenoble et Alcântara à Lisbonne) », thèse de l'université de Poitiers, UFR de sciences humaines et arts, 2007 ; Hélène Jeanmougin, « Gentrification, nouveau tourisme urbain et habitants permanents : des conflits de coprésence révélateurs de "normes d'habiter" divergentes. L'exemple du Reuterkiez à Berlin », *Téoros*, vol. 1, n° 39, 2020.

7 Francis Beaucire, Ludovic Chalonge et Xavier Desjardins, « Villes moyennes : un déclin en trompe-l'œil ? », *Urbanisme*, n° 403, 2016, p. 30-33 ; Nicolas Cauchi-Duval, Frédérique Cornuau et Mathilde Rudolf, « La décroissance urbaine en France : les effets cumulatifs du déclin », Métropolitiques.eu, 26 avril 2017 ; Frédéric Santamaria, « Les villes moyennes françaises et leur rôle en matière d'aménagement du territoire : vers de nouvelles perspectives ? », *Norois*, vol. 2, n° 223, 2012, p. 13-30.

8 François Taulelle, « Le délaissement du territoire : quelles adaptations des services publics dans les territoires ruraux ? », *Sciences de la société*, n° 86, 2012.

9 La capacité de transformation des centres historiques est surtout mise à l'épreuve dans les cadres pédagogiques et professionnels, tels que les ateliers « Villes patrimoniales » lancés en 2018 (Diaz et Fleury-Jägerschmidt, 2020).

10 Marion Serre, « Le tiers foncier : nouvelle catégorie d'appréhension de l'envers de la planification », *Les Cahiers de la recherche architecturale et urbaine*, 15 septembre 2019.

11 Le tiers foncier s'inscrit donc dans la continuité des recherches sur les résidus (Sitte, 1889), les frontières désertes (Jacobs, 1961), les terrains vagues (Solà-Morales, 1995), les interstices urbains (Tonnelat, 2003), les espaces intermédiaires (Flamand, 2008), le tiers paysage (Clément, 2014).

12 Romain Paris, « La valeur des délaissés », dans Bouchain Patrick/L'Atelier, *La Forêt des délaissés ou la reconquête naturelle des friches urbaines*, catalogue, Paris, Institut français d'architecture, 2000, p. 19-29.

FIGURE 2

La cité Vauban sur l'éperon rocheux (au premier plan) et l'expansion urbaine dans la vallée de la Durance (au second plan), 2019

FIGURES 3 ET 4
Immeuble à vendre dans la cité Vauban et volets fermés, 2019

FIGURES 5 ET 6
Tissus arrière non rénové (à gauche) et rue centrale rénovée (à droite), 2019

Vival

FIGURES 7 ET 8
Éléments d'architecture, portes et modénatures, 2019

LA CITÉ VAUBAN AU DÉFI DE LA MONOCULTURE TOURISTIQUE

« Le projet Cœur de ville, c'est le projet qui a été mené par la municipalité suite au départ de l'armée. On l'avait appelé "Cœur de ville" car c'était un cœur... Puis l'État a choisi le même nom pour sa stratégie nationale : le programme Action cœur de ville. [...] On va avoir ce cœur de ville en bas qui va être tout neuf et qui va induire des flux et des dynamiques. Donc, la question, c'est comment on peut effectivement travailler sur ce qui se trouve à côté. »

Aurélie Poyau, adjointe à l'urbanisme, 2019

Au commencement de la recherche, l'enjeu identifié par les élus (2014-2020) n'était pas le centre historique mais le projet de reconversion du quartier des casernes Cœur-de-Ville. Maintenir l'axe de recherche sur le centre historique représentait un défi : comment contribuer à la mise à l'agenda politique du centre historique ? Dans cette perspective, nous avons eu pour objectif de produire des connaissances inédites sur le centre historique de Briançon, présentant à la fois des dynamiques que l'on retrouve dans d'autres communes et des spécificités.

UN CENTRE HISTORIQUE ENCORE LOIN D'ÊTRE INHABITÉ

Briançon fait partie des villes moyennes en relative bonne santé[13]. La population a effectivement augmenté depuis 1968 jusqu'en 2013 et n'est depuis qu'en légère baisse. Elle s'est stabilisée autour des 11 500 habitants depuis 2008. Ville de montagne transfrontalière, il s'agit d'une commune touristique attirant les vacanciers l'hiver et l'été. Sans prétendre à une analyse approfondie des variations démographiques induites, nous pouvons toutefois souligner que Briançon présente une capacité d'accueil d'au moins 23 677 lits destinés au tourisme[14]. L'effectif de sa population pourrait ainsi monter jusqu'à plus de 35 000 en haute saison[15].

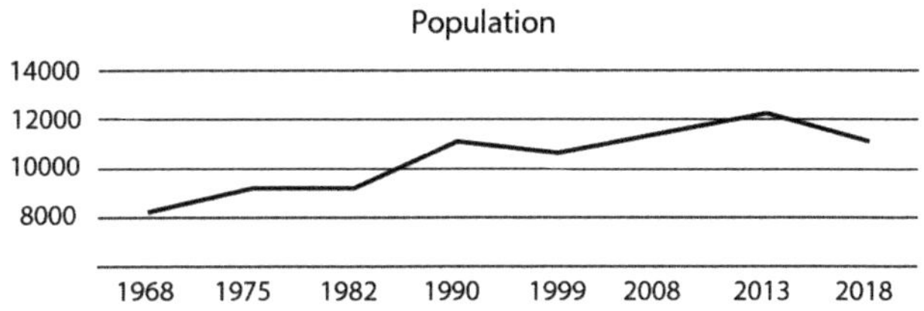

TABLEAU 1
Évolution de la population de Briançon entre 1968 et 2018

Dans ce contexte, le centre historique est particulièrement affecté par les variations saisonnières. La majorité des habitants de la cité Vauban, et plus largement de Briançon, souligne son « côté mort » en intersaison. Les effets de la saisonnalité sont perceptibles à différents niveaux. Concernant l'activité économique, une grande partie des commerces de proximité (boucherie, pharmacie, boulangerie) a progressivement cédé la place aux commerces saisonniers (restaurants, crêperies, glacier, boutiques de souvenirs, etc.), fermés en dehors des périodes touristiques.

> « Les commerces, il y en a beaucoup maintenant qui sont saisonniers, avec des baux précaires, qui ne louent que pour la saison d'été par exemple. Ça fait qu'il y a beaucoup de turn-over et que ça change tout le temps. »
> Une habitante de la cité Vauban, 2019

Une analyse plus poussée révèle toutefois que certains commerçants résistent et font l'effort de rester ouverts en intersaison : une librairie, une épicerie, une boutique de prêt-à-porter, un dépôt de pain, un salon de thé, un bar.

1980

FIGURE 9

La multiplication des résidences secondaires

2019

Zone totalement affectée aux résidences secondaires
Zone partiellement affectée aux résidences secondaires
Équipements publics

1980

FIGURE 10
Le maintien d'une population résidente à l'année

2019

- Immeubles occupés totalement
- Immeubles occupés partiellement
- Équipements publics

1980

FIGURE 11
La vacance, un phénomène installé

2019

- Immeuble inoccupé
- Immeuble en partie inoccupé
- Équipements publics

Sur le plan résidentiel, l'analyse croisée de l'évolution des logements et de la population à partir des données de l'Insee met en évidence plusieurs phénomènes. D'un côté, le nombre de résidences secondaires augmente très clairement: elles sont passées de 385 à 561 entre 2008 et 2015. En revanche, celui des résidences principales fluctue: il a augmenté en 2012, légèrement baissé en 2015, alors que la population du centre historique était en légère hausse entre 2015 et 2017, passant de 551 à 626[16]. Parallèlement, la quantité de logements vacants baisse progressivement, passant de 111 à 72 entre 2008 et 2015. Sans permettre une analyse complète des variations démographiques, ces données de cadrage rendent compte d'une certaine vitalité résidentielle, contrairement à d'autres villes en net déclin démographique[17].

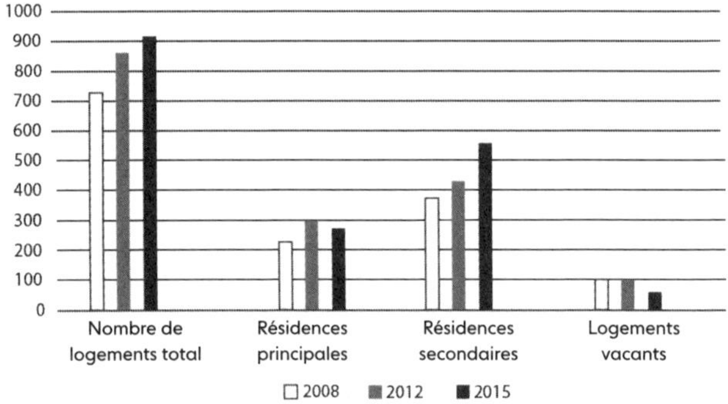

TABLEAU 2
Évolution des modes d'occupation à Briançon entre 2008 et 2015

Pour mieux cerner ces dynamiques et comprendre ce qui se joue réellement sur le terrain, nous avons pris le parti de réaliser une enquête porte-à-porte[18] afin d'identifier les modalités d'occupation de chaque logement (résidences principales, secondaires et logements vacants).

La réalisation d'une étude similaire par Alexandre Mélissinos en 1980 nous a permis de comparer les différents résultats et d'apporter ainsi un éclairage sur l'évolution de la cité Vauban de 1980 à 2019.

DE L'ENVOLÉE DU TOURISME À L'INERTIE DU MARCHÉ IMMOBILIER

Entre 1980 et aujourd'hui, les cartes — réalisées à partir de celles élaborées par Alexandre Mélissinos en 1980 et des résultats de notre enquête — montrent que la proportion de résidences secondaires a fortement augmenté [FIGURE 9]. Or, c'est à partir des années 1980 que la commune développe une logique de valorisation du patrimoine. En 1987, Briançon s'équipe d'un plan de sauvegarde et de mise en valeur (PSMV) de la cité Vauban et obtient trois ans plus tard le label «Villes et pays d'art et d'histoire». En 2008, ses fortifications sont inscrites au patrimoine mondial de l'Unesco. La cité Vauban a donc progressivement gagné en visibilité aux échelles nationale et internationale et augmenté son attractivité touristique.

L'une des particularités de Briançon tient à sa localisation: la ville se situe à moins de quinze kilomètres de la frontière italienne. Cette proximité a joué un rôle dans l'augmentation des résidences secondaires puisque les Italiens bénéficiaient en 1980 d'un régime fiscal avantageux, couplé à un fort pouvoir d'achat. De nombreuses familles italiennes ont investi dans la cité Vauban, ce qui a permis de rénover et maintenir en bon état de nombreux appartements et immeubles.

> «Ce qui avait donné de la dynamique, c'est les Italiens qui avaient acheté dans les années 1980. Ils avaient fait beaucoup de rénovation d'immeubles. Ensuite, il y a eu une baisse.»
> Un menuisier installé dans la cité Vauban, 2019

En revanche, cette dynamique a perturbé le marché immobilier en poussant la population résidente à vendre et en réduisant les possibilités d'accession à la propriété des habitants locaux. En 1980, la cité Vauban était donc au cœur d'un processus de gentrification lié au tourisme, ce qui illustre les relations pouvant exister entre patrimonialisation et développement touristique[19].

Actuellement, le marché immobilier de la cité Vauban n'est plus aussi florissant. Premièrement, la ville de Briançon souffre de la concurrence des stations de ski voisines, davantage équipées et spécialisées dans les activités de haute montagne[20]. Deuxièmement, le régime fiscal italien a changé[21] et de nombreuses résidences secondaires sont en vente. Avec l'augmentation de l'offre, le prix du marché immobilier a décru et la cité Vauban est actuellement le quartier le moins cher au mètre carré[22].

LA REVITALISATION, UN OBJECTIF ÉLOIGNÉ DE L'AGENDA POLITIQUE

La cité Vauban est donc dans une situation d'équilibre fragile. D'un côté, les données statistiques rendent compte d'une certaine vitalité, mais de l'autre les changements liés aux dynamiques touristiques (investissement/désinvestissement des résidents secondaires italiens) affectent fortement ses modes de fonctionnement.

Des statistiques au ressenti des habitants

Nous avons vu à partir des données de l'Insee que la vacance semble décroître, la cartographie montrant effectivement qu'elle n'a pas augmenté depuis les années 1980. Pourtant les entretiens conduits avec les habitants, les commerçants et les élus témoignent d'un sentiment d'abandon et de déprise croissant. Le mot « mort » revient à de nombreuses reprises, quel que soit l'acteur interrogé.

> « Moi, j'y suis allée en plein mois de novembre, je n'ai croisé personne, c'est mortel. »
> Une conseillère municipale, 2019

> « Ici c'est mort, c'est fini. »
> Une commerçante, 2019

Pour l'expliquer, nous nous sommes entretenus avec plus de 60 personnes[23], qui nous ont permis d'identifier certains éléments explicatifs récurrents. Parmi ceux-ci, l'aspect de la cité Vauban joue un rôle. La présence de logements et de commerces vacants, d'autant plus visibles qu'ils sont souvent désaffectés depuis de nombreuses années et dégradés — couplée à l'augmentation perceptible des pancartes « à vendre » —, donne une impression de déclin. En basse saison, ce sentiment est renforcé par les volets fermés des résidences secondaires et les rideaux tirés des commerces. Visuellement, la cité Vauban semble désertée de ses habitants.

Les discours des commerçants et des habitants soulignent l'absence de projet politique pour la cité Vauban, l'action publique étant essentiellement concentrée sur le développement de la ville basse. Les entretiens insistent notamment sur les peurs que suscite la relocalisation progressive des services publics dans la ville basse — bibliothèque, tribunal, archives, Union départementale des associations familiales (Udaf), maison des solidarités —, à l'origine de nouvelles situations de vacance.

> «On a fait ce courrier parce qu'on se demande ce qu'on va devenir. Le départ de la bibliothèque, le départ de l'Udaf, c'est un bureau qui a des mandataires judiciaires qui ont des mesures de protection par rapport aux majeurs. La maison des solidarités est partie. [...] On a l'impression que tout est sur le "Cœur-de-ville" et qu'ils ne travaillent pas les liens.»
>
> Une habitante de la cité Vauban, 2019

Une requalification de façade

Un autre aspect saillant concerne le manque de réflexion pour améliorer la qualité des tissus et des espaces publics arrière. Les projets de requalification sont uniquement portés sur les espaces dédiés à la représentation et au tourisme: la place d'Armes, le ravalement des façades de la rue principale, le parking d'accueil Blanchard et l'avenue Vauban.

> «Il n'y a pas que les façades qui se voient qu'il faut refaire. Il y a les arrières et aussi la cinquième façade. Le toit. Il faut aussi penser aux fenêtres.»
>
> Un potier installé dans la cité Vauban, 2019

Lors de notre arrivée sur le terrain, la municipalité n'avait donc pas de stratégie de revitalisation pour le centre historique. Des esquisses d'actualisation du plan de sauvegarde et de mise en valeur datant de 1987 et le lancement d'une opération programmée d'amélioration de l'habitat (Opah) avaient été évoqués en début de mandat, mais sont restés sans suite.

DES INITIATIVES HABITANTES ET COMMERÇANTES EN PLEIN ESSOR

Les initiatives privées n'ont pas attendu la mise à l'agenda politique du centre historique pour contribuer à sa revitalisation.

Sur le plan résidentiel, la baisse des prix du marché immobilier a rouvert les possibilités d'acquisition pour les jeunes ménages aux revenus modestes. L'enquête porte-à-porte nous a permis d'en rencontrer plusieurs récemment installés, tous se disant attirés par les «vieilles pierres» et par l'opportunité de devenir propriétaire.

> «Nous, on a choisi d'habiter là, car on est fans de ce qui est vieux. On est fiers d'habiter dans la vieille ville. Et puis c'était moins cher ici.» Un jeune ménage, 2019

Dans le secteur commercial, deux associations de commerçants ont été créées. L'une s'attache à valoriser l'ensemble des activités et animations de la cité Vauban à travers une page Facebook et l'organisation d'événements (fête médiévale, décorations de Noël…). L'autre, imaginée par deux artistes commerçantes de la cité Vauban, a proposé à la municipalité de créer une Cité des arts[24]. Inspirées par les expériences conduites à Hyères, elles ont proposé à la mairie de travailler sur une stratégie d'acquisition de commerces vacants et de location à bas prix pour faciliter l'installation d'artistes et d'artisans. La municipalité a accepté de financer leur étude et l'a inscrite dans le cadre de la convention Action cœur de ville. Cette articulation entre initiative commerçante et stratégie municipale n'a pourtant pas abouti à une réalisation concrète: le projet est resté au stade de l'étude.

Parallèlement, la municipalité (2014-2020) a déployé une logique de privatisation du foncier, en vendant certains monuments historiques vacants à des privés pour alléger les dépenses publiques en matière de gestion foncière. Cela a permis à certains ménages d'acquérir ces monuments et d'en envisager la reconversion. Premièrement, un groupe d'habitants a racheté le bâtiment de l'ancienne infirmerie

FIGURES 12 ET 13

**La place d'Armes requalifiée (en haut)
et la chapelle des Pénitents-Noirs délaissée (en bas), 2019**

FIGURES 14 ET 15

Les logements sociaux (en haut)
et l'école d'infirmiers transformée en habitat partagé (en bas), 2019

pour le transformer en habitat partagé, intégrant un café associatif et un atelier de stockage et de réparation de vélos. Ce projet retient l'attention car il a permis à douze ménages avec enfants de s'installer dans le centre ancien et — par les activités qui s'y sont développées — contribue à la vie économique et sociale du quartier.

Le deuxième projet est porté par un jeune couple qui a acheté le palais du Gouverneur pour le transformer en *coliving* pour les *digital nomads* (actifs dont l'activité professionnelle s'effectue en ligne, ce qui leur permet une grande mobilité). Il s'agit d'un programme à la croisée de la colocation et du service hôtelier: des travailleurs ont la possibilité d'être hébergés pour de longs séjours dans un espace combinant habitation et travail. En matière de revitalisation, ce programme permet de développer d'autres modes d'occupation, ni permanents, ni touristiques, ni saisonniers: les personnes viennent pour travailler dans un lieu privilégié pour des durées variables et participent ainsi à la vie économique et sociale du quartier, y compris hors saison.

Qu'il s'agisse de l'installation de jeunes ménages, du projet Cité des arts ou du rachat de monuments, la municipalité ne s'est pas opposée aux initiatives, mais ne les a ni accompagnées ni inscrites dans une vision stratégique de revitalisation. Il s'agit d'un heureux concours de circonstances si les programmations proposées par les acquéreurs contribuent à la revitalisation de la cité Vauban. Le cas de l'école d'infirmiers est parlant: initialement, la municipalité devait la vendre à un promoteur immobilier qui souhaitait la transformer en hôtel. Le projet a été refusé par l'architecte des Bâtiments de France, ce qui a créé une opportunité d'achat pour les douze ménages[25].

Ces différentes expériences témoignent d'un besoin de se tourner vers d'autres formes de projection qui mobilisent le foncier vacant (logements, commerces, monuments) et proposent des modèles hybrides, des entre-deux régénérateurs. Ces projets rendent ainsi compte de la capacité à agir des citoyens sur leur cadre de vie, en dehors des stratégies institutionnelles, ainsi que de la capacité de transformation des situations de vacance.

Pour approfondir cette réflexion, nous proposons d'identifier les facteurs d'ordre morphologique, juridique et fonctionnel à l'origine des situations de vacance. Il s'agira ensuite de pousser la discussion sur leur potentiel de transformation à partir de modèles architecturaux et programmatiques alternatifs et de montrer comment la recherche-action a été réappropriée par les citoyens et les élus.

NOTES DE FIN DE CHAPITRE

13 Priscilla De Roo (dir.), *Les Villes moyennes françaises: enjeux et perspectives*, Paris, La Documentation française, 2007.

14 La ville compte 2 370 chambres d'hôtel, 3 919 emplacements en camping et 17 388 lits en hébergement collectif — résidences de tourisme, villages vacances, auberges de jeunesse (source: Insee, 2020).

15 Ce chiffre est indicatif car les données précédentes ne comprennent pas les appartements loués par les particuliers et aucune recherche n'a été conduite pour quantifier précisément les variations démographiques à Briançon.

16 Ces chiffres, basés sur la déclaration des résidents, présentent des limites s'ils ne sont pas croisés avec d'autres indicateurs. Dans le cadre de cet article, ces données sont indicatives; elles permettent de situer le cas de Briançon sans avoir l'ambition d'en analyser finement les variations démographiques.

17 Comme les petites villes de Bar-le-Duc, Moyeuvre-Grande, Portieux, Plainfaing, Meisseix par exemple. Voir à ce sujet l'analyse de Laurent Chalard (2007).

18 L'enquête porte-à-porte consiste à visiter toutes les habitations d'un secteur donné.

19 Le philosophe et sociologue italien Marco d'Eramo a introduit le terme «Unescocide» (2014) pour alerter sur les risques de transformation de lieux habités en musées au cours d'un processus de patrimonialisation.

20 Notamment les stations de Serre Chevalier Vallée.

21 Alors que, dans les années 1980, acheter une résidence secondaire à l'étranger constituait un moyen de défiscalisation, aujourd'hui les Italiens doivent payer des taxes sur celle-ci.

22 Le prix de l'immobilier au mètre carré est de 1 874 euros pour la cité Vauban, alors qu'il est compris entre 2 300 et 2 500 euros pour les autres quartiers (source : Seloger.com).

23 Dix-neuf entretiens semi-directifs et 42 discussions informelles.

24 Site internet créé par les deux peintres : https://brianconvaubancitedesarts.com

25 D'après les entretiens menés avec les ménages et l'architecte ayant monté les dossiers de permis de construire des deux projets.

LES FORMES DU TIERS FONCIER EN CENTRE ANCIEN

L'exemple de la cité Vauban nous a permis d'identifier 80 situations de vacance, abordées à partir du modèle du tiers foncier qui croise l'étude des formes, des statuts de propriété et des usages[26]. Conçu comme un outil de réflexion et d'analyse, le modèle du tiers foncier vise à faciliter la détermination des facteurs bloquant la réaffectation du foncier.

Ce travail a identifié dix problématiques récurrentes:

- les biens sans maître;
- les indivisions irrésolues;
- les copropriétés inégalitaires;
- les biens en péril;
- les invendus;
- les biens en travaux «longue durée»;
- les biens des «seniors précaires»;
- les résidences de deuxième génération;
- les commerces vacants;
- les bâtiments publics désaffectés.

Ces situations correspondent à des singularités morphologiques, juridiques et/ou d'usage du tiers foncier, caractéristiques des centres anciens.

DES RÉGIMES ET STATUTS DE PROPRIÉTÉ PARALYSANTS

Dans la plupart des cas, la mise en œuvre des politiques d'urbanisme est entravée par l'existence de certaines dispositions juridiques. Relevant du domaine privé, celles-ci nécessitent des outils spécifiques pour permettre aux municipalités d'en reprendre la maîtrise. Dans les centres anciens, les trois situations suivantes sont fréquemment rencontrées et conduisent généralement à la vacance des immeubles sur de longues périodes.

- Les biens sans maître [FICHE EXEMPLE 1]. Il s'agit des situations où le propriétaire a disparu ou est inconnu. Ces biens reviennent de fait à la commune après trente ans d'abandon, ou après trois ans dans le cas où les taxes n'auraient pas été acquittées ou qu'elles auraient été acquittées par un tiers. Cette situation permet aux pouvoirs publics de reprendre la main sur le foncier privé et offre l'opportunité de l'intégrer dans une stratégie de revitalisation d'ensemble. Cependant, l'acquisition de ces biens peut aussi être lourde de conséquences; en l'absence de projet, elle oblige la commune[27] à un portage foncier impliquant des coûts. Dans le cas où la commune doit attendre plusieurs années avant l'acquisition, le bien ne peut être inclus dans une proposition de projet: il se détériore progressivement, ce qui implique des surcoûts de rénovation une fois mobilisable.

- Les indivisions irrésolues [FICHE EXEMPLE 2]. Cette situation est classique dans les cas de succession où plusieurs personnes — héritant du même bien et en partageant les droits — ne réussissent pas à se mettre d'accord sur un nouvel usage (vente ou rénovation par exemple). Le bien reste alors vacant pour une durée indéterminée et est difficile à mobiliser pour les municipalités. Dans certaines circonstances, si le bâtiment est très dégradé, les municipalités peuvent lancer la procédure «biens en l'état d'abandon manifeste». Celle-ci leur permet de faire constater l'abandon du bien et d'identifier les travaux pour le remettre en état. Si les travaux ne sont pas réalisés par le propriétaire après trois mois, la municipalité peut récupérer le bien et engager elle-même sa réhabilitation.

> «Les bâtiments vacants, ce sont souvent des vieilles successions... D'ailleurs, ils en ont mis un en péril. En général, soit c'est de l'indivision ou de la copro dont personne ne s'occupe.»
>
> Un agent immobilier, 2019

- Les copropriétés inégalitaires [FICHE EXEMPLE 3]. Dans le cas des immeubles où la propriété est répartie entre plusieurs propriétaires, l'entretien et la gestion des espaces communs peuvent poser problème. Deux situations ont été observées dans la cité Vauban. Premièrement, lorsque les combles et la toiture appartiennent à la copropriété et que les copropriétaires ne sont pas d'accord ou n'ont pas tous les moyens de les entretenir. Deuxièmement, lorsque l'une des parties de l'immeuble (un appartement, les combles, les caves) appartient à un propriétaire qui s'en désintéresse ou n'a pas les moyens de la maintenir en état. Il peut alors bloquer la mise en œuvre de travaux nécessaires à la structure du bâtiment et met en danger sa conservation.

> «Il y a le problème du toit dans cet immeuble. Je pense que les autres propriétaires, ils ont l'argent, ils le referaient. Mais moi, je ne peux pas, vous comprenez, avec 800 euros de retraite par mois, je n'ai pas les moyens.
> Donc, tant que je suis là, ce ne sera pas refait.»
> Un retraité, 2019

Bien que ces situations soient complexes, les municipalités ont une marge de manœuvre. En s'appuyant sur des procédures spécifiques comme «biens en état d'abandon manifeste» ou sur les périmètres de restauration immobilière, elles peuvent enclencher une remise en projet de certains biens. Ces dispositifs n'avaient pas été mobilisés par la municipalité de Briançon avant la recherche. Elle n'avait pas encore lancé d'Opah pour l'accompagner dans ces démarches.

LA DÉGRADATION DU BÂTI COMME FACTEUR BLOQUANT

Un état de dégradation avancé des immeubles peut également être à l'origine de la vacance. C'est notamment le cas des trois situations suivantes observées sur le terrain.

- Les biens en péril [FICHE EXEMPLE 4]. Dans la cité Vauban, une parcelle en partie effondrée a fait l'objet d'une procédure de péril imminent. Dès lors, les occupants ont dû quitter les lieux dans la journée, laissant le bâtiment vacant pour une durée indéterminée. Si la morphologie du bâti a déclenché le processus de vacance, le régime de propriété (indivision) et le manque de moyens des propriétaires constituent actuellement des obstacles à la réaffectation. Face à l'urgence, la municipalité s'est substituée aux propriétaires pour effectuer les travaux de mise en sécurité. Les communes ont même la possibilité de récupérer le bien pour l'inclure dans une stratégie de revitalisation[28]. Comme pour les biens sans maîtres, de telles procédures permettent à la municipalité de reprendre le contrôle du foncier.

- Les invendus [FICHE EXEMPLE 5]. Le marché immobilier de la cité Vauban n'est plus aussi dynamique que dans les années 1980. De fait, les biens mis à la vente peuvent le rester durant plusieurs années. Les invendus sont généralement dans un état de dégradation important. Les travaux de rénovation lourde peuvent faire peur aux acquéreurs d'un point de vue technique, pour trouver les entreprises compétentes, comme d'un point de vue financier. Le cumul de l'achat et des travaux rend en effet difficile d'envisager une plus-value sur le long terme. Deux types d'acheteurs peuvent toutefois être intéressés par ces biens: les jeunes ménages à faibles revenus souhaitant accéder à la propriété ou les investisseurs y voyant un potentiel pour une location Airbnb.

> «Moi aussi, j'aimerais bien vendre, mais je ne suis pas sûr d'y arriver. Nous, on est trois propriétaires pour cet appartement. Je voudrais racheter les parts, mais, si je n'arrive pas à vendre, qu'est-ce que je vais faire?»
> Un habitant de la cité Vauban, 2019

- Les biens en travaux «longue durée» **[FICHE EXEMPLE 6]**. Lorsque des biens dégradés sont rachetés par des privés, plusieurs cas témoignent d'un processus de rénovation s'inscrivant lui aussi dans la durée. Le bien reste inoccupé pendant toute la durée des travaux, prenant plus de dix ans dans certains cas. Dans le centre ancien de Briançon, plusieurs propriétaires choisissent de faire eux-mêmes les travaux pour faire des économies et étaler le coût de la rénovation. Ces pratiques d'autoconstruction rendent compte de la capacité des habitants à adapter le logement à leurs besoins: quelques propriétaires ont créé des petits balcons ou des passerelles au-dessus des douves sans autorisation. Bien qu'en dehors de la norme, ces ajustements permettent d'améliorer la qualité d'usage des biens. En revanche, dans certains cas, ces pratiques peuvent aussi être contre-productives. À titre d'exemple, certains propriétaires réparent les maçonneries en coulant du béton dans les fissures. Or, le béton ne laisse pas respirer la façade, ce qui accroît généralement les problèmes de remontées capillaires.

Les situations singulières morphologiques posent la question des équilibres à trouver entre la conservation et la transformation du patrimoine. En effet, ouvrir les possibilités de transformation permettrait d'adapter les logements aux modes d'habiter actuels et de retrouver une attractivité

FIGURES 16 ET 17
Exemples de transformations effectuées par les habitants : reprises des façades en béton (en haut), ajout d'un balcon (en bas), 2019

résidentielle. Cependant, mal encadrées, ces pratiques peuvent aussi conduire à une perte d'identité des tissus, voire contribuer à leur dégradation en utilisant des techniques de rénovation inadaptées (le béton par exemple).

INADÉQUATIONS ENTRE USAGES ET ESPACES

En plus de la morphologie ou du statut juridique, la perte ou le changement d'usage du bien peuvent constituer des facteurs déclenchants de la vacance.

- Les biens des seniors précaires **[FICHE EXEMPLE 7]**. Vieillir dans un centre historique est une situation à laquelle sont confrontés de nombreux seniors. Certains sont contraints de quitter les lieux car les espaces publics et leurs logements ne sont plus adaptés à leur mobilité. D'autres refusent de partir. Dans la cité Vauban, nous avons rencontré trois situations où les personnes âgées étaient propriétaires d'immeubles entiers et ont fait le choix de s'installer au rez-de-chaussée, laissant les étages à l'abandon[29]. Dans ces trois cas, la personne âgée n'était pas nécessairement dans le besoin, mais se trouvait toutefois dans une configuration de mal-logement, sans accès aux sanitaires situés dans les étages et sans lumière. Ces exemples interrogent les conditions du vieillissement en centre ancien et l'adaptation possible des typologies de logement, en rez-de-chaussée comme aux étages, pour permettre le maintien des personnes âgées dans leur logement.

> « J'habite là depuis quatre-vingt-trois ans. Maintenant je ne vais plus à l'étage où il y a les chambres et la salle de bains. Je reste ici au rez-de-chaussée. Car j'ai failli mourir, je suis

tombé et je n'arrivais plus à me relever. Donc mon fils vient pour m'aider à me laver en haut.»

Un habitant de la cité Vauban, 2019

- Les résidences secondaires de deuxième génération **[FICHE EXEMPLE 8]**. De nombreuses résidences secondaires restent les volets fermés toute l'année, sans pour autant être mises en vente. Après une enquête approfondie sur quelques immeubles, le cas des résidences secondaires de deuxième génération est apparu. Il s'agit généralement d'héritiers qui, déjà âgés lors du décès de leurs parents, habitent loin de Briançon, ne se déplacent plus ou ont d'autres lieux de villégiature et qui, par conséquent, ne viennent plus. Ces biens restent alors vacants pour des durées indéterminées.

- Les commerces vacants **[FICHE EXEMPLE 9]**. La question de la vacance commerciale est complexe. Comme nous l'avons déjà dit, de nombreux commerces de proximité ont fermé (boucherie, pharmacie, boulangerie...) et ont progressivement cédé la place aux boutiques touristiques. Il y a donc une vacance commerciale saisonnière, caractérisée par des boutiques fermées six mois de l'année et louées à des commerçants différents d'une saison à l'autre. Parallèlement, il y a également une vacance commerciale installée, s'expliquant par le prix élevé des baux et/ou par la vétusté de certains locaux (absence de chauffage et de sanitaire).

- Les biens publics désaffectés **[FICHE EXEMPLE 10]**. Il s'agit des monuments historiques et autres bâtiments de propriété publique qui ont perdu leur fonction initiale. Pour ces bâtiments, les municipalités rencontrent souvent deux problèmes: trouver un programme adapté et les moyens techniques et financiers d'engager la reconversion. Dans la cité Vauban, plusieurs cas illustrent cette situation de tiers foncier : quatre monuments historiques (une ancienne école d'infirmiers, le palais du Gouverneur, le couvent des Cordeliers, la chapelle des Pénitents), un bâtiment remarquable (l'ancienne bibliothèque Aristide-Albert) et quelques espaces dans des immeubles déjà requalifiés (les annexes de l'ancien tribunal, les salles de l'ancienne mairie).

Ces différentes situations singulières — juridiques, morphologiques ou d'usage — peuvent se combiner. Par exemple, le cas des résidences secondaires de deuxième génération est souvent lié à une indivision irrésolue ; les immeubles concernés se dégradent alors progressivement. Cet exemple présente trois singularités, puisque l'élément déclencheur de la vacance reste la singularité d'usage (résidence de deuxième génération). Autre exemple, un immeuble en péril peut aussi être un bien de seniors précaires ou se trouver dans une configuration de copropriété inégalitaire, avec des propriétaires aux revenus inégaux qui n'ont pas les mêmes moyens pour engager les travaux.

L'élaboration à partir du cas de Briançon de cette taxonomie du tiers foncier nous permet de décrire, expliquer et comprendre les processus d'abandon du foncier pouvant être observés dans les centres anciens[30]. Nous allons à présent voir comment — en mobilisant la cartographie des modes d'occupation et cette analyse du tiers foncier — la recherche a influencé les initiatives citoyennes et les stratégies de revitalisation de la municipalité.

Fiche exemple 1
Bien sans maître

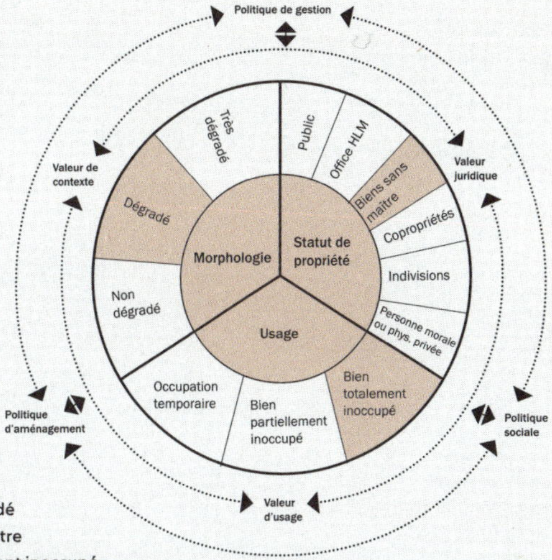

Composantes
du tiers foncier
Morphologie : dégradé
Statut : bien sans maître
Usage : bien totalement inoccupé

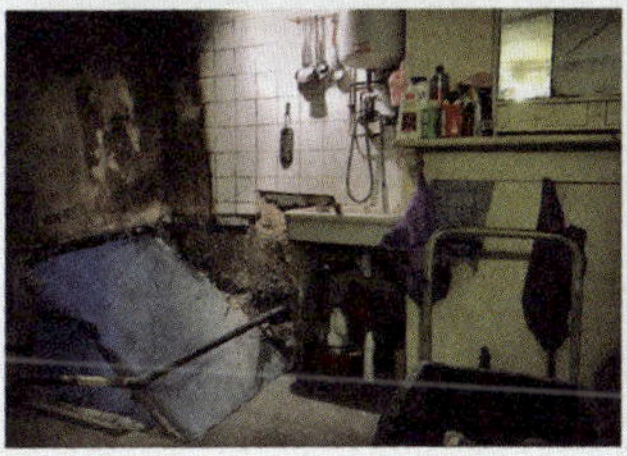

Histoire du tiers foncier
Le bâtiment appartenait à une personne âgée : il faisait originellement partie de la catégorie des biens seniors précaires. En effet, le rez-de-chaussée était sans sanitaire, avec très peu de lumière (une fenêtre), dans un état dégradé. Le reste du bâtiment était vide, à l'exception d'un logement loué. La personne est décédée lors de l'hiver 2019. Aucun héritier n'a pour l'instant été retrouvé par la mairie. Le bâtiment pourrait donc devenir un bien sans maître susceptible de faire l'objet d'une procédure si la commune souhaitait le récupérer.

Fiche exemple 2
Indivision irrésolue

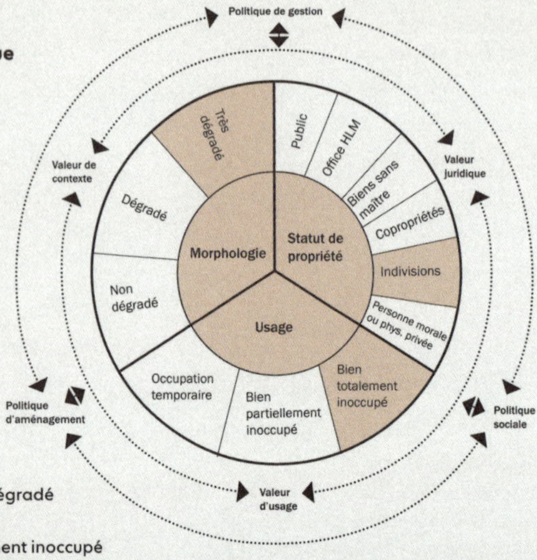

Composantes du tiers foncier
Morphologie : très dégradé
Statut : indivision
Usage : bien totalement inoccupé

Histoire du tiers foncier
Le restaurant Le Passage a été en activité durant trente ans. Il a été mis en vente pendant dix ans, sans succès, jusqu'au départ à la retraite des gérants.
Le bien est aujourd'hui en indivision et les propriétaires n'ont pas trouvé d'accord pour le mettre en vente. Le bâtiment se dégrade donc progressivement.

Fiche exemple 3
Copropriété inégalitaire

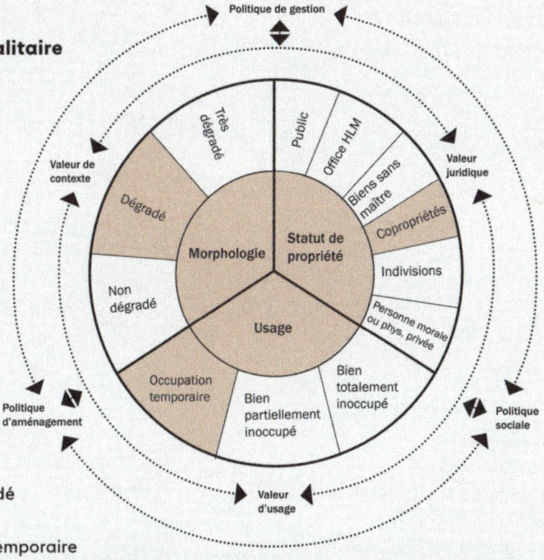

Composantes du tiers foncier
Morphologie: dégradé
Statut: copropriété
Usage: occupation temporaire

Histoire du tiers foncier

Ce bâtiment appartient à différents propriétaires: la majorité des appartements sont des résidences secondaires, un seul ménage y habite à l'année.

Les combles appartiennent à la copropriété et sont actuellement en très mauvais état: la toiture est percée, et la charpente fragilisée. Cependant, tous les propriétaires n'ont pas les mêmes moyens. Le ménage résidant à l'année est un couple de retraités gagnant moins de 800 euros ; ils ne sont donc pas favorables au lancement de travaux.

Fiche exemple 4
Bien en péril

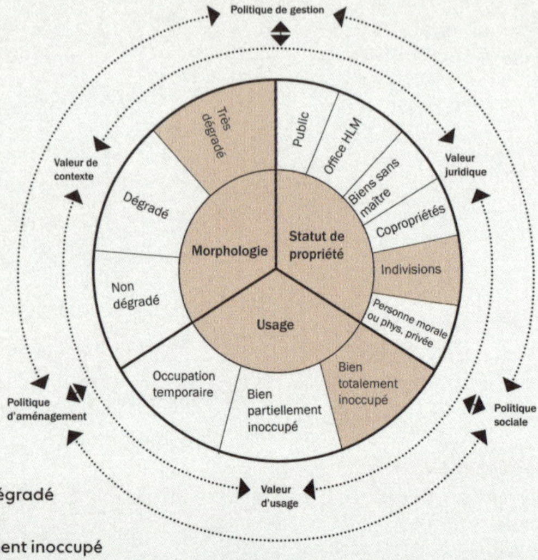

Composantes du tiers foncier
Morphologie : très dégradé
Statut : indivision
Usage : bien totalement inoccupé

Histoire du tiers foncier

Cet immeuble avait déjà fait l'objet d'un arrêté de péril, en 1998, qui avait conduit à sa démolition partielle. La particularité de ce foncier est qu'il appartient à cinq propriétaires, mais les étages n'existent plus, mis à part les deux premiers niveaux. Face à l'aggravation de l'état du bâti restant, la commune a relancé une procédure de péril imminent. Celle-ci a conduit à la fermeture du café-librairie de la cité Vauban. La commune s'est par la suite substituée aux propriétaires et a procédé à la démolition du premier niveau et mis en sécurité le rez-de-chaussée, qui reste néanmoins vacant.

Fiche exemple 5
Bien invendu

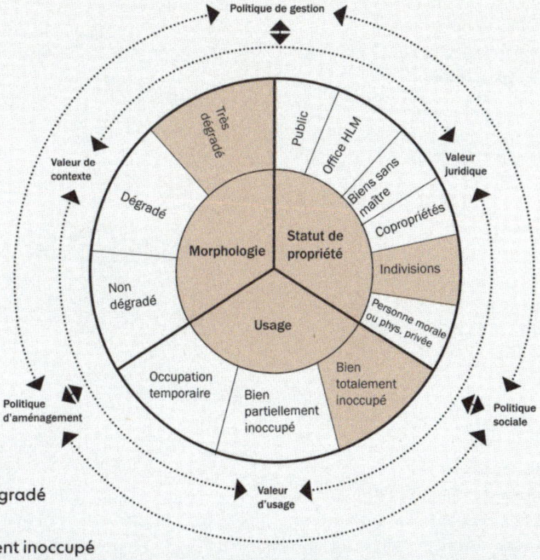

Composantes du tiers foncier
Morphologie : très dégradé
Statut : indivision
Usage : bien totalement inoccupé

Histoire du tiers foncier
Le bâtiment appartenait à une famille résidant à l'année dans la cité Vauban. Après le décès des parents, le bien a été légué à leurs enfants, dont certains habitent à Briançon. En indivision, ils se sont accordés pour mettre en vente le bien. Cependant, celui-ci est cher et en très mauvais état. « J'ai hésité à l'acheter, mais le coût d'achat et des travaux est vraiment trop important. En plus, je ne sais même pas s'il est récupérable. » (Ancienne locataire de la cité Vauban.)

Fiche exemple 6
Bien en travaux longue durée

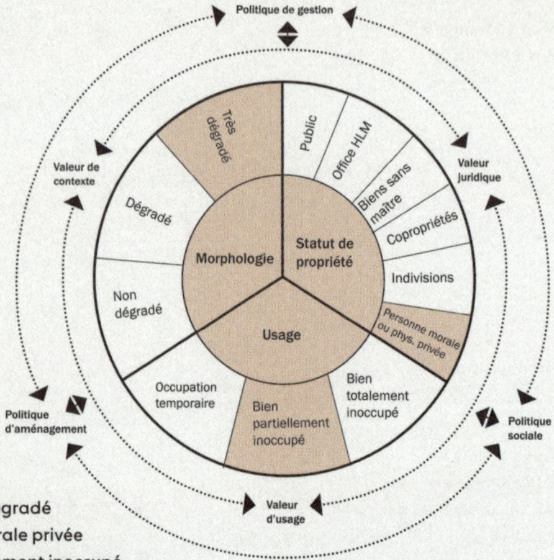

Composantes du tiers foncier
Morphologie : très dégradé
Statut : personne morale privée
Usage : bien partiellement inoccupé

Histoire du tiers foncier

L'immeuble a été acheté par deux frères, qui se sont constitués en société civile immobilière (SCI) et le rénovent depuis une dizaine d'années. L'objectif est d'y habiter et d'en louer une partie. Actuellement, une partie du bâtiment est habitable et occupée périodiquement. Se pose ici la question des techniques de restauration, en particulier au regard des règles patrimoniales et de la qualité des matériaux. On voit effectivement que les encadrements des fenêtres ont été refaits en béton, un matériau inadapté, empêchant la respiration des murs et renforçant les problèmes d'humidité.

Fiche exemple 7
Bien senior précaire

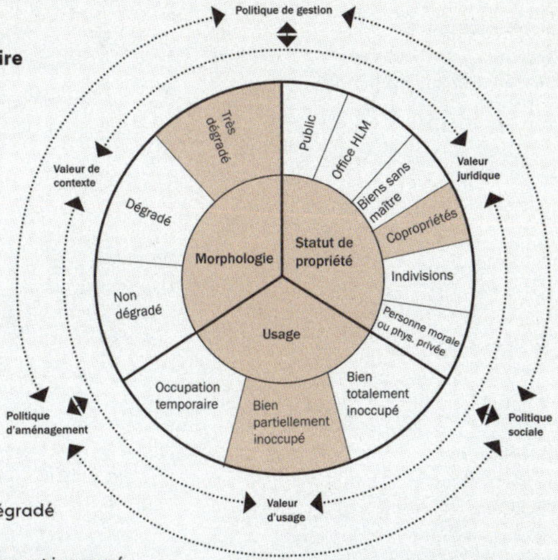

Composantes du tiers foncier
Morphologie : très dégradé
Statut : copropriété
Usage : bien partiellement inoccupé

Histoire du tiers foncier

Il s'agit d'une copropriété familiale, mais seul le rez-de-chaussée est habité par une personne âgée. Le reste du bâtiment est laissé à l'abandon. Des vitres sont cassées et on peut voir que le bâtiment commence à s'affaisser. Il présente donc des pathologies importantes et pourrait facilement basculer dans la catégorie des biens invendus s'il était mis en vente dans les prochaines années.

Fiche exemple 8
Résidence secondaire de deuxième génération

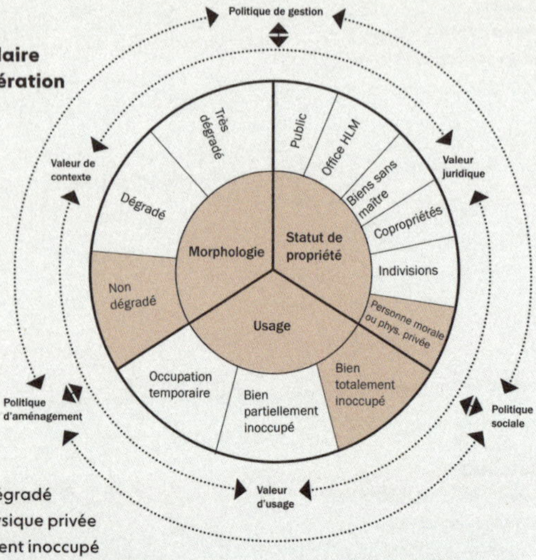

Composantes du tiers foncier
Morphologie : non dégradé
Statut : personne physique privée
Usage : bien totalement inoccupé

Histoire du tiers foncier

L'immeuble appartenait à un couple de résidents secondaires. Après leur décès, le bien a été légué à leurs enfants déjà âgés et à la retraite. Or, ceux-ci ne viennent plus en vacances à Briançon. Celui-ci est donc totalement inoccupé.

Le bien est pour l'instant en assez bon état et ne semble pas avoir de problèmes structurels. Cependant, dans le cas où l'abandon persisterait dans la durée, le bâtiment risque de se dégrader progressivement.

Fiche exemple 9
Commerce vacant

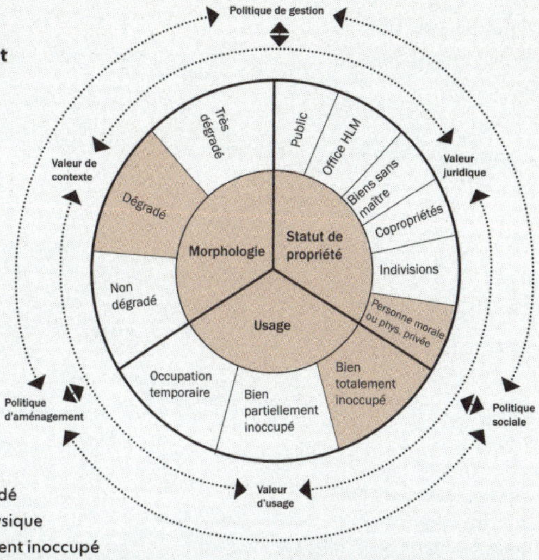

Composantes du tiers foncier
Morphologie : dégradé
Statut : personne physique
Usage : bien totalement inoccupé

Histoire du tiers foncier
Le local est vacant depuis plus de dix ans. Les charges étaient trop élevées pour maintenir l'activité. Il a été mis en vente, mais il y a actuellement un procès entre les propriétaires de la cour située en cœur d'îlot. En effet, l'un des propriétaires de la cour l'a aménagée sans demande d'autorisation. Par ailleurs, il s'agit d'une cour dégradée : elle présente de nombreux problèmes d'humidité pouvant fragiliser les maçonneries. Ce litige et le mauvais état de la cour constituent des freins à la vente du bien.

Fiche exemple 10
Bien public désaffecté

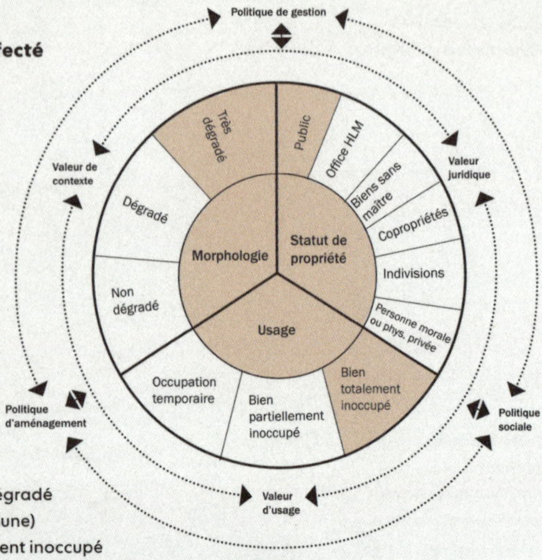

Composantes du tiers foncier
Morphologie : très dégradé
Statut : public (commune)
Usage : bien totalement inoccupé

Histoire du tiers foncier
La chapelle des Pénitents-Noirs a été édifiée au début du XVIIe siècle. Elle fut désacralisée, puis reconvertie en cinéma dans les années 1930. Deux incendies (en 1947 et en 1988) l'ont en grande partie détruite. Seul son clocher, classé aux monuments historiques, et quelques murs tiennent encore debout. La chapelle est donc restée inoccupée, en attente d'un renouveau architectural et programmatique.

NOTES DE FIN DE CHAPITRE

26 Marion Serre, « Le tiers foncier : nouvelle catégorie d'appréhension de l'envers de la planification », *Les Cahiers de la recherche architecturale et urbaine*, 2019.

27 Si la commune ne souhaite pas récupérer le bien, la propriété est transférée à l'État. Cependant, une commune n'a pas le droit de renoncer à l'ensemble des biens sans maître qui pourraient lui échoir (source : « Abandon manifeste d'un immeuble et biens vacants », Banquedesterritoires.fr).

28 À Guillestre, commune voisine de Briançon, la municipalité a été confrontée à l'effondrement partiel d'un bâtiment. Les structures fragilisées ont fait l'objet d'une procédure de mise en péril et la commune a récupéré le foncier pour porter un projet de logements (d'après un entretien mené avec la municipalité de Guillestre le 14 février 2019).

29 Il s'agit d'une situation classique de rétraction de l'espace domestique. Pour une analyse plus fine, voir la recherche-action POPSU Territoires menée à Xertigny.

30 Les études que nous conduisons actuellement dans les centres historiques de Breil-sur-Roya, Vallouise et Manosque confirment la récurrence de ces situations.

DE LA RECHERCHE-ACTION À LA MISE EN PROJET

L'un des enjeux majeurs de la recherche consiste à apporter un éclairage nouveau sur le centre historique de Briançon aux acteurs locaux (institutions, associations, commerçants, habitants) et à voir la manière dont un objet de recherche — en l'occurrence le tiers foncier — peut devenir un objet d'action. Comment les dispositifs de coconstruction (ateliers citoyens, séminaires institutionnels, résidences étudiantes, valorisation scientifique) peuvent permettre aux acteurs locaux de reconsidérer un territoire et d'enclencher des dynamiques de projet?

VERS LA COCONSTRUCTION D'UNE VISION COMMUNE

Nous avons proposé aux élus et aux habitants de s'engager dans un processus de coconstruction afin de définir une vision commune de l'avenir du centre ancien et d'identifier des projets possibles. Dans cette perspective, deux ateliers citoyens[31] ont permis de construire un diagnostic partagé et de faire émerger des propositions. Celles-ci ont ensuite été développées dans le cadre d'une résidence d'architecture.

Durant ces ateliers, les discours entre les différents usagers de la cité Vauban ont été fortement marqués par la dualité ville-musée/centre habité. D'un côté, les acteurs du tourisme (commerçants, restaurateurs, travailleurs saisonniers) défendent l'importance de l'attractivité touristique et la nécessité de développer des projets qui la renforcent. De l'autre, les résidents revendiquent leur droit de cité, en rappelant le besoin de commerces de proximité et d'équipements culturels ouverts toute l'année.

> «Cet aspect "vivre dans un musée", ça fait bizarre. Il y a des gens qui vivent là à l'année, il faut que tout ça cohabite. Qu'on maintienne une vraie vie de quartier.»
>
> Un habitant de la cité Vauban, 2019

Conjuguer quotidienneté et saisonnalité

Si les tensions étaient fortes entre ces différents acteurs, une discussion sur les actions à mener pour croiser le développement de l'attractivité touristique et des activités socio-économiques quotidiennes a progressivement émergé. L'ensemble des acteurs se sont accordés sur le point suivant: renforcer l'habitabilité du centre pour ses habitants actuels et futurs, c'est aussi œuvrer pour le développement touristique, en offrant aux visiteurs un lieu à la fois pittoresque et vivant. Pour renforcer l'habitabilité du centre historique, les participants ont fait ressortir des thématiques phares à traiter: la mobilité, l'espace public, les communs et le patrimoine. Quatre idées de projet ont fait l'unanimité: la création d'un lieu commun pour les habitants, la nécessité de réinterroger les politiques de conservation pour permettre d'adapter les logements aux modes de vie actuels (lumière, extérieur, typologie), l'importance de rénover les logements sociaux vétustes et l'ouverture des possibilités d'usage des remparts, seuls espaces verts de la cité Vauban.

Ces idées de projet ont ensuite été développées dans le cadre d'une résidence d'architecture rassemblant une vingtaine d'étudiants et de jeunes professionnels[32]. À son issue, les projets ont été présentés aux acteurs locaux lors d'un forum.

L'ensemble de cette démarche a ainsi déclenché une logique de coconstruction et impulsé des projets à différents niveaux. Du côté des habitants, deux collectifs ont émergé: le collectif des habitants de la vieille ville et le collectif des locataires du Bois-des-Remparts (logements sociaux)[33]. Ces associations mènent actuellement des actions concrètes dans l'espace[34] et des opérations d'interpellation de la municipalité pour améliorer la qualité de leur cadre de vie[35]. Du côté de la municipalité, deux dynamiques sont apparues:

l'expérimentation d'une programmation hybride pour réaffecter l'un des biens municipaux vacants et une réflexion sur les possibilités de transformations architecturales du centre ancien développée dans le cadre d'une étude pré-opérationnelle d'Opah.

EXPÉRIMENTER DES PROGRAMMATIONS HYBRIDES

Durant les ateliers citoyens, les habitants ont exprimé leur angoisse et leur sentiment d'abandon, renforcé durant l'année 2019 par deux événements : la fermeture du café-librairie de la vieille ville à la suite d'une mise en péril du bâtiment et la délocalisation de la bibliothèque dans la ville basse.

L'apparition de ces deux situations de tiers foncier a fait ressortir le besoin de recréer des lieux de partage et de culture, intergénérationnels et ouverts à l'année. Cette idée a été développée durant la résidence d'architecture et à nouveau débattue lors d'un forum où une centaine d'habitants étaient présents, ainsi qu'une partie de l'équipe municipale.

En réponse à l'enthousiasme des habitants, la municipalité a accepté de prolonger les réflexions pour la création d'un tiers lieu solidaire dans l'un de ses bâtiments vacants : l'ancienne bibliothèque ou la chapelle des Pénitents. Ce projet, imaginé sur un tiers foncier de propriété publique facilement mobilisable, permet d'envisager sa sortie de vacance en l'associant à un modèle socio-économique alternatif.

Pensé comme un espace ressource de partage et d'apprentissage, ce tiers lieu rassemblerait une annexe de la médiathèque municipale, une ludothèque associative, une radio locale, un *fab lab* (atelier de fabrication numérique dédié aux projets collaboratifs et de bien commun), des artistes, un espace de coworking[36]. Sur la base de ce groupement d'acteurs, le tiers lieu a vocation à s'ouvrir à l'ensemble des acteurs du territoire pour proposer une pluralité d'activités[37].

Les potentialités de la figure du tiers

Le tiers foncier public est ainsi devenu un support d'expérimentation pour une nouvelle programmation, elle aussi fondée sur la figure du tiers. Cette récurrence du «tiers» révèle deux aspects des processus de renouvellement de l'urbanisme. D'un côté, la production urbaine génère des situations d'entre-deux problématiques comme le tiers foncier. De l'autre, la gestion de ces mêmes situations appelle à de nouveaux modèles — tels que le tiers lieu dans ce cas-ci. En effet, la grande force du concept de tiers lieu est de rendre possibles des hybridations programmatiques (entre culture et travail par exemple), des modes de gouvernance alternatifs (entre secteurs privé, associatif et public), des processus de conception inclusifs (entre approches descendantes et ascendantes), des usages diversifiés et mutualisés pour toucher le plus large public possible (ici habitants et touristes).

Les initiatives privées citées précédemment (accession à la propriété des jeunes ménages, habitat partagé, *coliving*, projet Cité des arts) et ce projet de tiers lieu porté par la municipalité rendent compte des potentialités du tiers foncier en tant qu'espace-ressource pouvant se situer au croisement de propositions citoyennes et de stratégies institutionnelles. Cette expérience illustre bien le besoin d'aller vers d'autres formes de projection, qui mobilisent les espaces d'entre-deux et proposent des modèles hybrides. Comme le souligne Raphaël Besson, l'espace tiers apparaît comme l'un des lieux stratégiques de la régénération des villes. Il va même plus loin, en soulignant le rôle central que jouent les «acteurs tiers» pour l'émergence de tels lieux, notamment pour assurer les fonctions d'intermédiation[38]. Dans le cadre de cette recherche, ce rôle a été structurant pour faire remonter la parole des habitants aux élus, reconsidérer un territoire en dehors de l'agenda politique et déclencher des logiques de projet.

METTRE L'ARCHITECTURE CONTEMPORAINE AU SERVICE DU PATRIMOINE

Un autre levier identifié concerne l'architecture des centres anciens. Aujourd'hui, celle-ci semble davantage adaptée aux aspirations des touristes en quête d'expériences pittoresques qu'à celles des résidents. Les appartements sont souvent peu lumineux et humides, dépourvus de balcons et de terrasses, ce qui donne lieu à des situations de précarité énergétique. De leur côté, les espaces publics sont difficilement accessibles. Habiter dans un centre historique, malgré les apparences, est bien souvent vécu comme une difficulté, voire une contrainte.

Ces formes urbaines et architecturales inadaptées peuvent ainsi jouer un rôle clé dans les processus de déprise des centres[39]. Par ailleurs, les processus de muséification sont à même de renforcer l'arsenal de règles visant à la protection du patrimoine, mais limitant fortement les possibilités d'adaptation des logements aux modes d'habiter contemporains, ainsi qu'aux normes d'habitabilité. Dans le cas de la cité Vauban, le PSMV datant de 1987 offre peu de possibilités en matière d'expérimentation et d'adaptation. De plus, engager une restauration dans les règles peut considérablement augmenter le budget des travaux et empêcher les ménages d'adapter leur logement, ou simplement de réparer les toitures ou les façades endommagées.

> «Le PSMV est assez vieux, l'étude a été faite dans les années 1980. Et on a du mal dans la pratique à faire respecter le PSMV, car souvent les gens l'ignorent.
> Par ailleurs, on a beaucoup de mal à contrôler, car la plupart des travaux sont faits sans demande d'autorisation. [...]
> Il y en a beaucoup qui aimeraient refaire de belles devantures en bois, comme ça a été fait pour le magasin de chapeaux, mais le coût est souvent rédhibitoire.»
>
> Le service du patrimoine, 2019

Ces réflexions ont émergé au cours des ateliers citoyens. D'une part, les habitants se sont interrogés sur la pertinence de ne valoriser qu'une seule époque — celle de Vauban — et de favoriser une conservation stricte plutôt que l'adaptation de l'architecture aux modes d'habiter actuels. D'autre part, les habitants ont aussi fait remonter le manque d'accompagnement lorsqu'ils s'engagent dans des travaux et, de fait, l'absence d'appropriation des règles patrimoniales.

> «Par exemple, vous voulez acheter un commerce et refaire la façade. On vous donne un énorme dossier, que vous devez lire et remplir. Moi, j'ai demandé de l'aide, qu'on le remplisse avec moi. On m'a dit "On n'est pas payés pour ça". Alors je ne l'ai pas rendu, leur dossier, c'est trop compliqué.»
>
> Une commerçante de la cité Vauban, 2019

Dans le cadre de la résidence d'architecture, les participants ont développé ce thème à partir d'une situation de péril imminent impliquant la démolition d'un immeuble pour tester des configurations nouvelles. Par exemple, les façades sont retravaillées en double peau pour créer des extérieurs et apporter de la lumière aux logements ainsi que dans les cours intérieures exiguës.

FIGURES 18 ET 19
**Chapelle des Pénitents-Noirs (en haut)
et projet proposé lors de la résidence (en bas), 2019**

FIGURES 20 ET 21
Bâtiment mis en péril (en haut) et projet proposé lors de la résidence (en bas), 2019

La municipalité s'est saisie de ce sujet et, à la suite des ateliers, a réactivé un projet jusqu'alors en attente: le lancement d'une étude pré-opérationnelle d'Opah. Le service d'urbanisme s'est appuyé sur notre étude[40] et a sollicité notre expertise pour en rédiger le cahier des charges. Celui-ci intègre un certain nombre d'éléments mis en évidence par l'analyse du tiers foncier: la liste des facteurs pouvant conduire à la vacance, l'importance d'adapter les logements des personnes âgées dans le centre historique et un volet patrimonial axé sur le centre ancien afin d'alimenter les réflexions sur les possibilités de transformation de son architecture, en particulier de ses typologies d'habitat. Le lancement de cette étude est une première étape pour la commune qui devrait lancer la révision du PSMV, dossier également commencé mais resté en attente.

> «On peut vraiment revoir ce document [le PSMV]. Réfléchir à l'ouverture des toitures, est-ce que ça va vraiment être préjudiciable? Je pense qu'on peut se reposer la question de l'enjeu de la préservation: voir où il faudrait repositionner le curseur. Avoir du recul sur la vie de ce document pendant trente ans. Comment a-t-il été perçu: est-ce que ça a relancé de la dynamique ou plutôt été un frein? Et pourquoi? Qu'est-ce qui a été bloquant? Est-ce qu'interdire l'ajout de balcons et l'ouverture de fenêtres ont été des freins et contribué à la désertification? Est-ce qu'on ne pourrait pas revoir cette question? Je pense que c'est intéressant de rebalayer tout ça.» L'architecte des Bâtiments de France, 2019

Le maintien et le retour des habitants dans les centres anciens appellent ainsi à une remise en question du paradigme de la conservation, en replaçant les qualités d'habiter, notamment le confort d'usage et le confort thermique, au centre des réflexions. Cette question implique de prendre part à un débat ancien mais toujours d'actualité[41], portant sur la tension entre la conservation des tissus hérités et la création architecturale contemporaine[42]. Pour envisager une revitalisation effective, les centres anciens ont besoin d'autres propositions de projet, non plus fondées sur ce que les tissus étaient ou devraient être, mais sur ce qu'ils pourraient devenir.

NOTES DE FIN DE CHAPITRE

31 Ces ateliers ont rassemblé 70 personnes : habitants, commerçants, usagers et élus.

32 Cette résidence a rassemblé 18 étudiants et jeunes professionnels en architecture, urbanisme et paysage (écoles d'architecture de Marseille, Paris-Val-de-Seine, Nancy, Lille, Versailles, Grenoble, Turin, Milan, Florence et école du paysage de Blois).

33 Les échanges entre les habitants ont souligné le rôle joué par la recherche-action dans la création du collectif : « L'étude entreprise par les étudiants en architecture sous la direction de Marion Serre et de Gabriele Salvia, et leur invitation à deux réunions publiques, ont renouvelé notre regard sur le quartier fortifié que nous habitons. La question posée est celle-ci : « Comment vivre dans une ville-musée ? » (extrait du courriel de l'un des membres du collectif le 19 décembre 2020).

34 Les habitants se sont notamment mobilisés pour entretenir les petits jardins laissés à l'abandon.

35 Des courriers, des rencontres et des articles dans la presse locale.

36 Partenaires : médiathèque La Ruche, ludothèque Au coin du jeu, radio Fréquence Mistral, association Club du Vieux Manoir, Centre permanent d'initiatives pour l'écologie Haute-Durance.

37 Le projet est soutenu par le CGET (lauréat de l'AMI Tiers Lieux), la Banque des territoires et la Fondation Orange.

38 Besson Raphaël, « Les villes vivantes en deux temps trois mouvements », *Villes vivantes : contributions au thème Europan E16*, Europanfrance.org, 2020, p. 15-20.

39 Isabelle Backouche, *Aménager la ville : les centres urbains français entre conservation et rénovation (de 1943 à nos jours)*, Paris, Armand Colin, 2013.

40 Notre étude a été jointe à l'appel d'offres.

41 En témoigne notamment la loi LCAP (2017) qui encourage à la fois au respect du site et à la création architecturale.

42 Cette dualité a notamment été discutée par Isabelle Backouche (*Aménager la ville*, 2013), et plus récemment par Isabel Diaz et Émilie Fleury-Jägerschmidt (*Réinventer la ville centre*, 2020).

CONCLUSION

CENTRE ANCIEN, ARCHITECTURES DE DEMAIN ?

Les dernières analyses conduites sur le centre historique dataient de 1980 et son PSMV n'a pas été actualisé depuis sa création en 1987. La recherche conduite dans la cité Vauban a donc proposé un regard neuf sur le centre ancien et ouvert de nouvelles perspectives pour la commune.

Jusqu'alors, les élus n'avaient pas connaissance de la proportion de bâtiments vacants, du nombre de résidents à l'année et de l'état de dégradation du bâti. D'une part, ils ont pris conscience du délabrement important des tissus anciens. D'autre part, ils ont aussi compris que la cité Vauban est encore loin d'être inhabitée. Ces deux constats ont amené la commune à la réinscrire dans l'agenda politique et à lancer une étude pré-opérationnelle d'Opah, restée en attente de finalisation depuis plusieurs années. Par ailleurs, le relevé du tiers foncier puis sa mise en projet dans le cadre de la résidence d'architecture l'ont fait apparaître comme un espace propice à l'expérimentation. En effet, l'indétermination du foncier est une ressource en soi : elle offre de véritables marges de manœuvre pour inventer et expérimenter de nouvelles programmations, modes de gouvernance, formes architecturales et, de fait, des modes de production de l'urbain inédits. Du côté des habitants, la dégradation des tissus était connue, en revanche le relevé de la population résidente a nuancé leur sentiment de déprise. Le fort taux de participation aux ateliers citoyens a conforté cette vision : la cité Vauban, bien que silencieuse, reste un quartier habité. Forts de ces constats, des habitants se sont rassemblés pour monter deux associations et défendre leur droit de cité.

La recherche-action est productrice d'outils d'analyse au service de l'aide à la décision, mais également catalyseuse d'initiatives citoyennes. S'agissant d'une démarche exogène et autonome, la recherche n'est pas tenue de répondre aux attentes des élus ou des habitants : elle a les coudées franches pour rendre visibles d'autres réalités et, en mobilisant des outils de coconstruction de connaissance, peut permettre l'émergence d'autres dynamiques et logiques de projet. Dans ce cas-ci, le processus de coconstruction engagé avec les élus et les habitants autour de la mobilisation du tiers foncier et ses mises en œuvre possibles a bien montré l'intérêt de développer de nouveaux modèles socio-économiques (tiers lieux, habitat partagé, *coliving, etc.*) et de les associer aux possibilités de dialogue entre conservation et transformation architecturales. Ces deux derniers points constituent de véritables pistes d'action pour envisager un avenir des centres anciens autre que muséal : un avenir résolument tourné vers le renouveau de leurs qualités d'habiter.

NOTE MÉTHODOLOGIQUE

BIOGRAPHIE DES AUTEURS

BIBLIOGRAPHIE

NOTE MÉTHODOLOGIQUE

La recherche-action a été conduite en collaboration avec la municipalité et organisée en trois phases durant l'année 2019.

Dans un premier temps, une résidence in situ de deux mois a été organisée pour analyser les modes d'occupation du foncier et en dresser une taxonomie. Pour cela, une enquête porte-à-porte a été croisée avec l'analyse des fiches cadastrales et autorisations des droits du sol, possible grâce au concours du service d'urbanisme. Cette première enquête extensive nous a permis d'identifier et de cartographier les statuts de propriété, les modes d'occupation et l'état du bâti de l'ensemble des parcelles de la cité Vauban. Dix-neuf entretiens semi-directifs et 62 discussions informelles ont été conduits auprès d'acteurs institutionnels (élus, conseillers municipaux, techniciens, architecte des Bâtiments de France, la DDT), des habitants et des commerçants de la cité Vauban, des professionnels du logement (agents immobiliers, Soliha, Adil, Action Logement, bailleurs sociaux).

Dans un second temps, deux ateliers citoyens ont été organisés pour recueillir la parole des habitants et faire émerger les atouts, les difficultés et les potentialités de projets de la cité Vauban. Ces temps d'échange ont permis de faire ressortir des thématiques qui ont ensuite été développées dans le cadre d'un atelier intensif d'architecture. Durant une semaine, des étudiants et jeunes professionnels en architecture, urbanisme et paysage ont exploré des hypothèses de projets qui ont ensuite été débattues au cours d'une restitution publique ayant rassemblé une centaine d'habitants, élus, acteurs associatifs et professionnels.

Ce dernier temps de recherche par le projet a notamment favorisé la circulation des connaissances entre des milieux qui se côtoient rarement (institutions, habitants, universités), permis une montée en compétences de ces différents acteurs, et abouti à des propositions concrètes, dont certaines ont été approfondies par la municipalité en place. Cet atelier a été ici mobilisé comme un outil pour faire émerger des débats et pouvant aider les processus de prise de décision des acteurs publics. Cette méthode s'inscrit dans la continuité des recherches-actions et des nouvelles professionnalités développant des outils de médiation architecturale pour déclencher des logiques de projet[43].

Participants à la résidence d'architecture

Julie Flambard, architecte, Ensa Versaille
Caroline Vanier, architecte, Ensa Paris Val-de-Seine
Pauline Brajon, architecte, École de la nature et du paysage de Blois
Nazim Adel Cheniki, architecte, Ensa Marseille
Alexandre Liguori, architecte, Ensa Marseille
Angela Gagliardi, architecte, docteure en conservation du patrimoine, Politecnico di Milano
Claire Plancheria, architecte, Ensa Nancy
Émilie Spitz, architecte, Ensa Marseille
Sarah Vinckel, architecte, Ensa Marseille
Francisco Pacheco Escalante, architecte, Ensa Lille
Matteo Fancello, architecte, Facoltà di architettura di Firenze
Margherita Valcanover, architecte, doctorante IAM, Politecnico di Torino
Loïc Bellet, architecte, Ensa Marseille
Pauline Pascal, architecte, Ensa Grenoble
Silvia Vivona, architecte, Politecnico di Torino
Chloé Cottreau, architecte, Ensa Marseille
Marie Deleuil, architecte, Ensa Marseille
Aline Masson, architecte, Ensa Nancy
Sarah Patteri, architecte, Ensa Marseille

---

43 Clara Sandrini, « La médiation architecturale : une œuvre en mouvement pour une esthétique sociale », habilitation à diriger des recherches, Ensa Toulouse, 2014.

BIOGRAPHIE DES AUTEURS

Marion Serre est architecte, docteure en architecture, aménagement de l'espace et urbanisme. En 2019, elle cofonde l'agence d'urbanisme et d'architecture Tiers Lab. Parallèlement, elle est chercheuse au sein de deux laboratoires: Project[s] de l'Ensa-Marseille et l'EnsadLab de l'École des arts décoratifs de Paris. Ses travaux s'intéressent à la remise en projet de territoires délaissés, en interrogeant la place et l'implication des usagers dans le processus de conception et de fabrication.

Gabriele Salvia est architecte, docteur en architecture. Il est cofondateur de l'agence d'architecture et d'urbanisme Tiers Lab. Il est également enseignant à l'école d'architecture de Marseille et chercheur au sein du laboratoire Project[s]. Ses thèmes de recherche sont liés au patrimoine, au paysage et aux lieux de la mobilité. Actuellement, ses travaux sont centrés sur la requalification des centres anciens.

BIBLIOGRAPHIE

Backouche Isabelle, *Aménager la ville: les centres urbains français entre conservation et rénovation (de 1943 à nos jours)*, Paris, Armand Colin, 2013.

Beaucire Francis, Chalonge Ludovic et Desjardins Xavier, « Villes moyennes: un déclin en trompe-l'œil? », *Urbanisme*, n° 403, 2016, p. 30-33.

Besson Raphaël, « Les villes vivantes en deux temps trois mouvements », *Villes vivantes: contributions au thème Europan E16*, Europanfrance.org, 2020, p. 15-20.

Bonnet Frédéric, « Aménager les territoires périurbains et ruraux », rapport remis au ministère du Logement, de l'Égalité des territoires et de la Ruralité, 2016.

Brenner Neil, *Implosions/Explosions: Towards a Study of Planetary Urbanization*, Berlin, Jovis Verlag, 2013.

Cauchi-Duval Nicolas, Cornuau Frédérique et Rudolf Mathilde, « La décroissance urbaine en France: les effets cumulatifs du déclin », *Métropolitiques.eu*, 26 avril 2017.

Chalard Laurent, « Des villes françaises en net déclin démographique: le cas de communes anciennement industrielles », *Population et avenir*, vol. 3, n° 683, 2007, p. 15-19.

Charmes Éric, *La Revanche des villages: essai sur la France périurbaine*, Paris, Seuil, 2019.

Clément Gilles, *Manifeste du tiers paysage*, Paris, Sens&Tonka, 2014.

Damon Julien, « Quel avenir pour les villes moyennes? », *Sciences humaines*, vol. 7, n° 294, 2017, p. 24.

Delpirou Aurélien, « Enjeux et écueils de l'action publique dans les villes moyennes en déclin: une comparaison entre Bourges, Moulins et Nevers », *Géographie, économie, société*, vol. 21, nos 1-2, 2019, p. 67-87.

Demazière Christophe, « Pourquoi et comment analyser les villes moyennes ? Un potentiel pour la recherche urbaine », Métropolitiques.eu, 29 janvier 2014.

D'Eramo Marco, « Unescocide », Newleftreview.org, juillet-août 2014, p. 47-53.

De Roo Priscilla (dir.), *Les Villes moyennes françaises : enjeux et perspectives*, Paris, La Documentation française, 2007.

Diaz Isabel et Fleury-Jägerschmidt Émilie (dir.), *Réinventer la ville centre : le patrimoine en jeu*, Marseille, Parenthèses, 2020.

Dodier Rodolphe (dir.), *Habiter les espaces périurbains*, Rennes, PUR, 2012.

Dormois Rémi et Fol Sylvie, « La décroissance urbaine en France : une mise à l'agenda difficile », *Métropolitiques.eu*, 27 mars 2017.

Giroud Matthieu, « Résister en habitant ? Renouvellement urbain et continuités populaires en centre ancien (Berriat Saint-Bruno à Grenoble et Alcântara à Lisbonne) », thèse de l'université de Poitiers, UFR de sciences humaines et arts, 2007.

Jacobs Jane, *Déclin et survie des grandes villes américaines*, Marseille, Parenthèses, 2012.

Jeanmougin Hélène, « Gentrification, nouveau tourisme urbain et habitants permanents : des conflits de coprésence révélateurs de "normes d'habiter" divergentes. L'exemple du Reuterkiez à Berlin », *Téoros*, vol. 1, n° 39, 2020.

Madry Pascal, « Le nouveau rapport entre ville et commerce et l'impossible réforme des politiques d'urbanisme commercial », *Tous urbains*, vol. 1, n° 21, 2018, p. 42-47.

Paris Romain, « La valeur des délaissés », dans Bouchain Patrick/L'Atelier, *La Forêt des délaissés ou la reconquête naturelle des friches urbaines*, catalogue, Paris, Institut français d'architecture, 2000, p. 19-29.

Sandrini Clara, « La médiation architecturale : une œuvre en mouvement pour une esthétique sociale », habilitation à diriger des recherches, Ensa Toulouse, 2014.

Santamaria Frédéric, « Les villes moyennes françaises et leur rôle en matière d'aménagement du territoire : vers de nouvelles perspectives ? », *Norois*, vol. 2, n° 223, 2012, p. 13-30.

Serre Marion, « Le tiers foncier : nouvelle catégorie d'appréhension de l'envers de la planification », *Les Cahiers de la recherche architecturale et urbaine*, 15 septembre 2019.

Sitte Camillo, *L'Art de bâtir les villes : l'urbanisme selon ses fondements artistiques*, Paris, Seuil, 1996.

Solà-Morales Ignasi, « Terrain vague », dans Davidson Cynthia C., *Anyplace*, Cambridge, MIT Presse, 1995, p. 118-123.

Taulelle François, « Le délaissement du territoire : quelles adaptations des services publics dans les territoires ruraux ? », *Sciences de la société*, n° 86, 2012.

Tonnelat Stéphane, « Interstices urbains Paris-New York : entre contrôles et mobilités, quatre espaces résiduels de l'aménagement », thèse de doctorat en urbanisme, Université Paris-XII/City University of New York, 2003.

CRÉDITS

Tableaux 1 et 2 : © Insee

Ensemble des photographies par Gabriele Salvia, 2019

Figures 9, 10, 11 : © Gabriele Salvia, sur la base des cartes élaborées par A. Mélissinos en 1980 et des résultats de l'enquête porte-à-porte de 2019

Identité graphique : Travaux-Pratiques

POPSU

La collection « Carnet de Territoire » est le fruit d'un projet réunissant la sous-direction de l'aménagement durable de la direction générale de l'Aménagement, du logement et de la nature (ministère de la Transition écologique), le Plan urbanisme construction architecture et la Cité de l'architecture et du patrimoine. À travers des portraits de territoires, elle vise à révéler la diversité des territoires, des dynamiques d'acteurs et des enjeux de l'action publique locale, sous la forme de résultats de recherche ou d'études de terrain.

Les études de cas du programme « Territoires » de la Plateforme d'observation des projets et stratégiques urbaines (POPSU) sont menées dans les petites villes par des équipes de chercheurs et de chercheuses, mobilisés pour analyser les dynamiques des territoires au plus près du terrain. Les résultats sont construits et discutés avec les élus, acteurs et partenaires locaux. De cet ancrage dans l'unicité des territoires émergent des cas d'école, ferments d'un nouveau récit territorial.

À l'échelle nationale, le programme « Territoires » est l'opérateur recherche du programme « Petites villes de demain » et mobilise un collège des partenaires composé du Plan urbanisme construction architecture, de la sous-direction de l'aménagement durable de la direction générale de l'Aménagement, du Logement et de la Nature (ministère de la Transition écologique), de l'Agence nationale de la cohésion des territoires, de la Banque des territoires et l'Institut pour la recherche de la Caisse des dépôts, le Réseau rural français, l'Union européenne et le Feader, le Commissariat du Massif central, du ministère de la Culture, de la Cité de l'architecture et du patrimoine, l'Agence d'urbanisme Bordeaux-Aquitaine - A'urba, l'Union sociale pour l'habitat, la Fédération nationale des agences d'urbanisme, l'Agence de la transition écologique, l'Assemblée nationale, la Fédération nationale des parc naturels régionaux, l'Association des maires ruraux de France, Intercommunalités de France – ADCF, la Fabrique de la cité, Le Conseil général de l'environnement et du développement durable, 1000 doctorants pour les territoires.

PLATEFORME D'OBSERVATION DES PROJETS ET STRATÉGIES URBAINES (POPSU)

Secrétaire permanente
du Plan urbanisme
construction architecture
Hélène Peskine

Directeur général de L'Europe des projets architecturaux et urbains
Jean-Baptiste Marie

Président du conseil stratégique
POPSU
Jean-Marc Offner

Responsable scientifique
du programme Territoires
Hélène Reigner

Responsable du programme Territoires
Hélène Milet

Coordination
Aurore Meyfroidt

ÉDITIONS AUTREMENT

Partenariats éditoriaux
Henri Julien et Emmanuelle Rolland

Édition
Virginie Maubourguet
et Léo Samir Rougier

Relecture
Alice Breuil

Adaptation et mise en page
Claude-Olivier Four

Fabrication
Chloé Brossard

Groupement d'intérêt public L'Europe des projets architecturaux et urbains

Ministère de la Transition écologique

Ministère de la Cohésion des territoires et des Relations avec les collectivités territoriales

Plan urbanisme construction architecture

Grande Arche paroi sud

92055 La Défense Cedex
+ 33 (0)1 40 81 24 37

Autrement, une marque de Flammarion S.A.

ISBN : 978-2-0802-8259-0

N° d'édition : L01EHAN000124.N001

Dépôt légal : juin 2022

www.autrement.com
partenariats@autrement.com

Achevé d'imprimer par GPS Group
en juin 2022